WMP-19-005
Solo Trumpet and Piano

MECHA MOTE SERIES

トランペットプレイヤーのための新しいソロ楽譜
めちゃモテ・トランペット

# 赤いスイートピー Red Sweet Pea

作曲：呉田軽穂　Karuho Kureta

編曲：築山昌広、田中和音　Arr. by Masahiro Tsukiyama, Kazune Tanaka

演奏時間：3分30秒

◆曲目解説◆

1982年にリリースされた松田聖子のシングルで、彼女の数ある名曲の中でも特に人気の高い楽曲。プラトニックな恋愛模様が描かれた胸がきゅんとなる歌詞の世界観が、時代を飾るポップソングとして広く受け入れられ大ヒット。現在でも多くの人に親しまれる一曲です。

パート譜は切り離してお使いください。

**Solo Trumpet and Piano**

# 赤いスイートピー
## Red Sweet Pea

Karuho Kureta　Arr. by Masahiro Tsukiyama, Kazune Tanaka

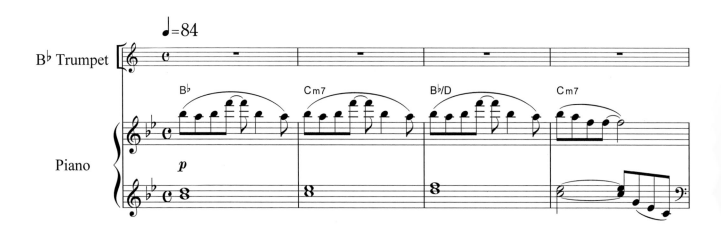

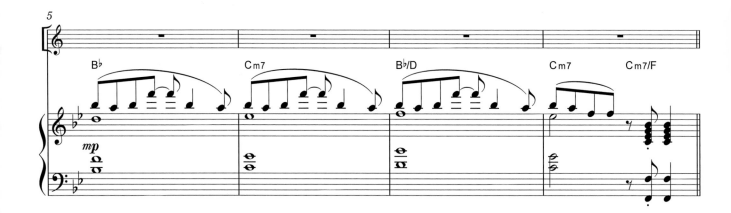

© 1982 by Sun Music Publishing, Inc.

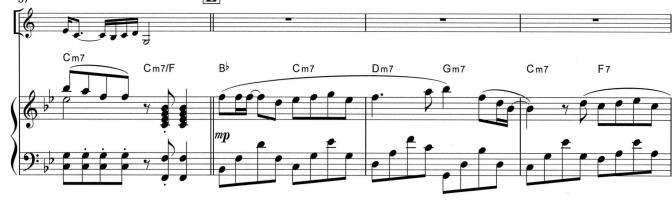

パート譜は切り離してお使いください。

# 赤いスイートピー
## Red Sweet Pea

Bb Trumpet

Karuho Kureta　Arr. by Masahiro Tsukiyama, Kazune Tanaka

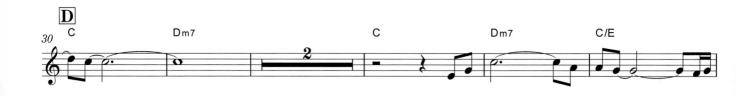